Las Mejores Frases y Citas Célebres

Plutón
Ediciones

Las Mejores Frases y Citas Célebres

Selección de Plutón Ediciones

© Plutón Ediciones X, s. l., 2012

Diseño de cubierta y maquetación: Saul Rojas Blonval

Edita: Plutón Ediciones X, s. l.,
         Calle Llobateras Nº 20,
         Talleres 6, Nave 21
         08210 Barberà del Vallés
         Barcelona-España
         E-mail: contacto@plutonediciones.com
         http://www.plutonediciones.com

Impreso en España / Printed in Spain

I.S.B.N: 978-84-15089-35-3
Depósito Legal: B-8415-2012

Impreso en España

Prólogo

Según el diccionario de la RAE (Real Academia Española) *Frase* es un conjunto de palabras que basta para formar sentido, en especial, cuando no llega a constituir una oración. También puede tratarse de una locución breve y enérgica (a veces metafórica) cuyo significado es de mayor alcance que lo expresado, o que revela el pensamiento íntimo de su autor ante un hecho o una circunstancia determinada. En este caso muchas frases célebres poseen este sentido. Otras veces, han entrado a formar parte del refranero popular.

Las frases célebres son propias de todos los países, lenguas y épocas, no en vano son producto del lenguaje, uno de los atributos del ser humano (mientras no se compruebe con claridad si algunos sonidos de animales superiores como los delfines pueden ser interpretados como tales, producto de una mente pensante). Sin embargo, cuando toman importancia por haberlas pronunciado una personalidad en el momento idóneo, son traducidas a los diversos idiomas para que engrandezcan su categoría de célebres.

Hasta la aparición de la tecnología moderna, sólo habría dos formas para "conservar" las frases célebres: o por transmisión oral (como los refranes) o escrita. Ahora bien ¿poseen veracidad las frases célebres? Por regla general podemos admitirlo así, aunque hasta casi el s. XX, las únicas pruebas existentes son las orales (tradición oral) y escritas. ¿Y la veracidad de éstas?

Hay frases célebres atribuidas a diferentes personajes o que con el paso del tiempo se ha negado que las pronunciaran. Frases cortas formadas a veces por un verbo, como la pronunciada por Arquímedes (según cuentan) al descubrir su "principio": *Eureka*: ¡lo encontré! O por varios como las supuestas pronunciadas por Julio César: *Veni, Vedi, Vici* (Llegué, vi, vencí) tras sofocar una sublevación del punto o tras el paso del río Rubicón iniciando la lucha contra Pompeyo: *Allea, jacta est* (La suerte está echada) o la del caudillo galo tras el saqueo de Roma en el s. IV a.C. al solicitar un cuantioso rescate para comprar su retirada: ¡*Vae Victis!* (¡Ay de los vencidos!).

Dicen que el soldado que anunció a los griegos la victoria de Maratón frente a los persas (490 a.C.) tras recorrer los 42 kilómetros desde el lugar de la batalla, sólo tuvo ánimos para anunciar *¡Nenikekamen!* (¡Hemos vencido!) Y cayó muerto por el esfuerzo. O la respuesta de Galileo tras su supuesta retractación de la teoría heliocéntrica: *"E pur si muove"* (¡Pero se mueve!).

Otras veces las frases son más largas, incluso constituyendo oraciones gramaticales como la exclamación de Bertrand du Guesclin al decidir la lucha entre Pedro I y Enrique II de Castilla: "Ni quito ni pongo rey, pero ayudo a mi señor". O cuando en el Real de Santa Fe estalló un polvorín antes del asalto a la capital nazarita de Granada y Fernando el Católico dijo: "Soldados no os asustéis, estas son las luminarias de la victoria". O Napoleón en la batalla de las pirámides: "Soldados, cuarenta siglos os contemplan".

Gran parte de las frases y citas célebres se han atribuido a emperadores, reyes y hombres de acción, pero también lo hicieron pensadores, literatos, científicos y hasta recogidas por los discípulos de fundadores de religiones. En este caso los evangelios recogen muchas, hasta las últimas pronunciadas en la Cruz por Cristo o las máxi-

mas o aforismos del pensador chino Kung–Tsé
(Confucio).

De una forma o de otra, de una clase o de otra,
largas o cortas, las frases y citas célebres se cuentan por millones, ciertas o no. En esta órbita sólo
hemos recogido unos cuantos ejemplos. ¿Y si no
fueran ciertas?. Tendríamos que decir como el
proverbio italiano: ¡Si non e vero, e ben trovato!

FRANCESC LLUÍS CARDONA
DOCTOR EN HISTORIA Y CATEDRÁTICO.

VIRTUD Y VALORES:

La abnegación no tiene todo su valor sino cuando es ignorada o no hay testigos para aplaudirla.

F. Garnier

Cuanto más uno se niegue a sí mismo, tanto más recibirá de los dioses.

Horacio

El que sacrifica a sí mismo nunca yerra.

Bulwer-Lytton

La abnegación ennoblece aun a las personas más vulgares.

Balzac

Quien va con hambre a la mesa y cansado a la cama, no necesita manjares selectos ni colchón de plumas.

S. Rosa

Cuando la mujer aborrece lo que algún tiempo le agradó, es mucho peor que si siempre lo hubiese aborrecido.

Lope de Vega

Muchos hay que aborrecen de balde, sin saber el cómo ni el porqué.

Gracián

No hay absurdo que no haya sido apoyado por algún filósofo.

Cicerón

Nos aburrimos porque nos divertimos demasiado.

Lamotte

Si el hombre no fuera un animal que se aburre, jamás hubiera recurrido al placer de trabajar.

Anónimo

Los que saben mucho se admiran de pocas cosas, y los que no saben nada se admiran de todo.

Séneca

Es más difícil hacer durar la admiración que provocarla.

Santal Dubay

Admiración y familiaridad son enemigos.

George Sand

La perfecta lisonja siempre tuvo fundamento sobre defectos.

Lope de Vega

¡Oh lisonjas, cuántas veces
juzgas que a tu dueño halagas,
y es tu dueño a quien ofendes!

Calderón

La peor especie de enemigos es la de los aduladores.

Voltaire

No quiero alabar, para no parecer adulador.

Cicerón

Todo adulador vive a expensas de quien le escucha.

La Fontaine

No hay hombre más desdichado que el que nunca probó la adversidad.

Demetrio

El día en que las desgracias hayan aprendido el camino de tu casa, múdate.

Palacio

Los golpes de la adversidad son muy amargos, pero nunca son estériles.

Renan

El que antes de su muerte ha plantado un árbol, no ha vivido inútilmente.

Proverbio indio

Si añades lo poco a lo poco y lo haces así con frecuencia, pronto llegará a ser mucho.

Hesíodo

Compra solamente lo necesario, no lo conveniente. Lo innecesario, aunque cueste sólo un céntimo, es caro.

Séneca

Cinco céntimos en el bolsillo valen más que un amigo en la corte.

Samuel Smiles

La alegría es piedra filosofal que todo lo convierte en oro.

Franklin

Riamos, porque la seriedad fue siempre amiga de los impostores.

Fóscolo

Reírse es olvidar.

Santos Chocano

Los ambiciosos que no se contentan con el beneficio de la vida y belleza del mundo, tienen por castigo el no comprender la vida y el quedar insensibles ante la utilidad y la belleza.

Da Vinci

El esclavo no tiene más que un dueño; el ambicioso tiene tantos cuantas son las personas que pueden ser útiles a su fortuna.

La Bruyère

La mayoría de las gentes triunfaría en las cosas pequeñas si no estuviera hostigada por grandes ambiciones.

Longfellow

Non dexes lo ganado por lo qu'es por ganar.

Arcipreste de Hita

Son los codiciosos como la esponja, que aunque chupa todo el agua de que es capaz, ni está harta ni se aprovecha de ella.

Espinel

Toda persona tiene tres caracteres: el que exhibe, el que tiene y el que cree que tiene.

Karr

Querer, querer siempre, querer con todas nuestras fuerzas.

Alfieri

Nuestro bien y nuestro mal no existe más que en nuestra voluntad.

Epitecto

La virtud es la única nobleza.

Antístenes

Todo extremo es vicioso, la virtud está en medio.

Aristóteles

Limpia la vasija antes de llenarla. O sea que debes reformar tus costumbres antes de predicar la virtud.

Epicteto

La virtud no debe medirse por los esfuerzos, sino por las obras cotidianas.

Pascal

La virtud se envilece cuando trata de justificarse a sí misma.

Voltaire

Sé mediocre y rastrero y llegarás a todo.

Beaumarchais

Casi nadie repara por sí mismo en el mérito de otro.

La Bruyère

Si a cada cual se le diese su merecido, ¿qué hombre podría escapar del látigo?

Shakespeare

La violencia es un signo de debilidad pasajera.

Jaurès

A quienes no conocen otro lenguaje que la violencia, hay que hablarles en su propio idioma.

Churchill

La instrucción del pensamiento procede siempre a todo acto violento.

Phillips

No es valor el temer la vida y despreciarla, sino el hacer frente a las grandes desgracias y no tumbarse en el suelo, ni volver el pie atrás.

Séneca

Harto poca cosa es el placer que se pasa en esta vida y en todas sus edades para con las tristezas y molestias de ella.

Plauto

La verdad es la estrella sin la cual el alma humana no es más que noche.

Víctor Hugo

Las verdades se convierten en dogmas desde el momento en que comienzan a ser discutidas.

Chesterton

Las verdades que más nos importan vienen siempre a medio decir.

Gracián

Vano significa vacío. Así es la vanidad tan miserable que casi no se le puede llamar cosa peor que su nombre.

Chamfort

El orgullo de los pequeños consiste en hablar siempre de sí mismos, el de los grandes en no hablar nunca de sí.

Voltaire

Los necios se precipitan por donde los ángeles temen poner el pie.

Pope

El medio es natural en el prudente,
y el saberlo vencer es ser valiente.

Ercilla

El valor es hijo de la prudencia, no de la temeridad.

Calderón

La mayoría de los héroes son como algunos cuadros, no se les debe mirar de cerca.

La Rochefoucauld

Nunca mucho costó poco.

Ruiz de Alarcón

El que revela el secreto de otros, pasa por traidor; el que revela secreto propio, pasa por imbécil.

Voltaire

No fíes tu secreto a ninguno para conseguir que no lo sepan todos.

Cátulo

Si puedes enriquecerte conservando el honor, la buena fe, la magnanimidad, no lo excuses; pero teme perder los verdaderos bienes para adquirir los falsos.

Epicteto

El único lazo que une un hombre al otro es el dinero contante y sonante.

Carlyle

Cada hombre tiene su precio.

Walpole

La bolsa pesada hace ligero el corazón.

Johnson

Ningún dinero mejor empleado que aquel que nos dejamos robar, pues nos sirve para comprar la prudencia.

Schopenhauer

No hay fortaleza tan bien defendida que no pueda conquistarse con el dinero.

Cicerón

Procúrate dinero; si puedes procurártelo honradamente; y si no, de cualquier modo.

Horacio

El deseo del dinero crece tanto como el dinero mismo.

Juvenal

La prudencia es la ciencia que sabe distinguir las cosas que hay que apetecer, de las que hay que huir.

Cicerón

La prudencia es virtud por la cual los hombres sabios eligen aquello que es bueno y evitan lo que es malo.

Lulio

Recomendar sobriedad al pobre es grotesco e insultante a la vez. Es como decir que coma poco al que se muere de hambre.

Wilde

Si has sido alguna vez pobre de verdad, seguirás siéndolo en lo íntimo de tu corazón durante el resto de tu vida.

Bennet

A los hombres se les valora no por lo que son, sino por lo que parecen.

Litton

¡Oh, qué hermosa apariencia tiene la falsedad!

Shakespeare

El avaro se enriquece apareciendo pobre y el extravagante se empobrece apareciendo rico.

Shenston

La avaricia parece no tanto un vicio como una triste prueba de locura.

Browne

La avaricia lo pierde todo por quererlo todo.

La Fontaine

¿Qué es la avaricia? Es un continuo vivir en la pobreza por miedo a ser pobre.

San Bernardo

El avaro gasta más muerto en un solo día, que no gastaba, vivo, en diez años; y su heredero gasta en diez meses más que no supo gastar él en toda su vida.

La Bruyère

La avaricia camina siempre con los bolsillos llenos de algodón para meterlo en los oídos a la conciencia, a fin de que no sienta sus dolores.

Guerrazzi

Los avaros guardan su tesoro como si efectivamente fuese suyo; pero temen servirse de él, como si perteneciera a los demás.

Bión

El deseo del dinero crece tanto cuanto el dinero mismo.

Juvenal

Ayudar al débil es caridad; pretender ayudar al poderoso es orgullo.

San Gregorio

Socorrer al caído es acción digna de reyes.

Ovidio

Sed bueno y dejad el resto al cielo.

Combe

El bien puede resistir derrotas; el mal, no.

Tagore

El verdadero bien se halla únicamente en la tranquilidad de la conciencia.

Séneca

Mira bien dentro de ti. Allí está la fuente del bien, jamás exhausta si la vas ahondando.

Marco Aurelio

El que ocupa demasiado en hacer el bien no tiene tiempo de ser bueno.

Tagore

La confianza en la bondad ajena es testimonio no pequeño de la propia bondad.

Montaigne

Raíz de todos los males es la avaricia.

San Pablo

Mejor es no ser bondadoso que serlo a cambio de una recompensa.

Proverbio chino

Aun en el hacer bien, lo primero es la satisfacción personal; el bien de la otra persona permanece siempre en segundo lugar.

Mark Twain

No es hombre de bien aquel de quien no maldice algún bribón.

Tamayo y Baus

Gran descanso es estar libre de culpa

Cicerón

El hombre odia a quien le hace sentir su propia inferioridad.

Chesterfield

El pecado no es perjudicial porque está prohibido, sino que está prohibido porque es perjudicial.

Franklin

El que ofende escribe en arena; el que es ofendido escribe en mármol.

Proverbio ruso

Conociendo o no conociendo, no ofendáis a nadie, porque corréis peligro o de provocar al poderoso o de maltratar al débil.

Fóscolo

La baja fortuna jamás se enmendó con la ociosidad ni con la pereza.

Cervantes

El perezoso quiere y no quiere al mismo tiempo.

Sagrada Biblia

La obediencia es la más recomendable virtud para cuando no se puede mandar.

Manero

Quien bien quiere bien obedece.

Montalvo

La censura perdona a los cuervos y se ensaña con las palomas.

Juvenal

¡Cuán horrible es pensar que lo que la gente dice de nosotros es verdad!

Pearsall

El galardón de las buenas obras es haberlas hecho. No hay otro premio digno.

Séneca

Obra de manera que la razón de tus actos pueda servir de ley universal.

Kant

La modestia es el complemento de la sabiduría.

Fontenelle

El que nada debe nada teme.

Dicho popular

Forzosamente debe temer a muchos el que es temido por muchos.

Séneca

Mientras uno puede valerse de su mérito, no necesita servirse del de sus ascendientes.

Saint Evremond

Es prueba de un mérito extraordinario el estar siempre al lado de aquellos que en gran manera gozan.

Montesquieu

Nada es más fácil que engañar a un hombre honrado.

Proverbio español

Los verdaderos embusteros son capaces de decir una verdad para afirmar a continuación que acaban de decir una mentira.

Jardiel Poncela

Cosa en verdad extraña es la facilidad con que los malvados creen que todo les saldrá bien.

Víctor Hugo

¿De quién dependen las reputaciones? Casi siempre de los que no tienen ninguna.

De Ligne

Donde los palacios sean magníficos, los campos serán pobres y los graneros estarán vacíos.

Proverbio chino

El lujo es como fuego de artificio en que arde el trabajo de miles de obreros y bienestar, la salud y la dicha de millones de gentes pobres.

Payot

A veces el saber dar es más difícil que el saber recibir.

Kotzebue

El hambre espía por la puerta de la casa del hombre laborioso, pero no se atreve a entrar.

Franklin

Hay dos caminos que conducen a la fortuna; laboriosidad y constancia.

Reybaud

No juzguéis si no queréis ser juzgados.

San Mateo

Las cosas nunca son tomadas realmente como son, sino por lo que parecen ser.

Gracián

El honor es sobrepasado cuando el mismo que hizo el acto lo comenta.

Shirley

La dignidad comienza donde la jactancia acaba.

Young

Nada hay tan veloz como la calumnia; ninguna cosa más fácil de lanzar, más fácil de aceptar, ni más rápida en extenderse.

Cicerón

Nada aflige tanto como la calumnia.

Menandro

La burla y el ridículo son, entre todas las injurias, las que menos se perdonan.

Platón

Tanto da hablar bien del malvado como hablar mal del bueno.

Da Vinci

Es querer atar las lenguas de los maldicientes lo mismo que querer poner puertas al campo.

Anónimo

Es tan ligera la lengua como el pensamiento, y si son malas las preñeces de los pensamientos, las empeoran los partos de la lengua.

Cervantes

El que chismorrea contigo de los defectos ajenos, chismorrea con otros de los tuyos.

Diderot

Lo que los hombres tardan más en perdonaros, es el mal que de vosotros han dicho.

Maurois

La mayor venganza del que es sabio,
es olvidar la causa del agravio.

Lope de Vega

¿Dijo uno mal de ti? No digas tú mal de él, siquiera por no parecerte a él y por no imitarle.

Quevedo

El buen carácter consiste en considerar todo con benevolencia y con el deseo de hacer la vida amable y dulce a todos los que viven cerca de nosotros.

Mansfield

Mejor que el talento es el carácter.

Heine

El carácter es un diamante que raya todas las otras piedras.

Bartol

El carácter de cada hombre es el árbitro de su fortuna.

Syro

Vuelve tu corazón hacia el pobre y págale tu deuda.
San Ambrosio

Quien cierra su oído al grito del pobre, gritará él mismo, pero no será escuchado.

Eclesiastés

Amemos a los demás como a nosotros mismos; midamos a los demás como nos medimos nosotros; estimemos sus penas y sus goces como estimamos los nuestros. Y cuando queramos para ellos lo mismo que queremos para nosotros; y cuando temamos para ellos lo mismo que para nosotros tememos, entonces seguiremos las leyes de la verdadera caridad.

Confucio

Si después de haber vestido al desnudo le echas en cara tu favor, es lo mismo que si lo desnudaras de nuevo.

Filemón

En la caridad no hay excesos.

Bacon

Vivir para otros no es sólo ley del deber, sino también ley de la felicidad.

Comte

Si quieres vivir bien para ti, debes vivir para los demás.

Séneca

Más bien hace el pobre al rico aceptando su caridad, que éste a aquél, cuando se la ofrece.

Talmud

No hay más bello color para las mejillas de una mujer que el color con que la vergüenza las tiñe.

Tasso

A la mujer casta, Dios le basta.

Refrán

El pudor es la epidermis del alma.

Víctor Hugo

Los hombres se avergüenzan menos de sus crímenes que de sus debilidades y vanidad.

La Bruyère

Mala causa es la que tiene necesidad de compasión.

Sirio

La conducta es un espejo en que cada uno muestra su imagen.

Goethe

Bien acierta quien sospecha que siempre yerra.

Quevedo

El que sospecha invita a traicionarlo.

Voltaire

Es fácil, terriblemente fácil, hacer tambalear la confianza de un hombre en sí mismo. Aprovecharse de esta ventaja para conmover el espíritu de una persona es una labor diabólica.

Shaw

¿Qué soledad más solitaria que la desconfianza?

Eliot

Si sale, sale. Si no sale, hay que volver a empezar. Todo lo demás son fantasías.

Manet

Los hombres cometen unos mismos crímenes con sino bien diferente; unos llevan la cruz como pago de su crimen; otros una corona.

Juvenal

El crimen puede estar encubierto, pero no seguro.

Séneca

Dar a los demás, sólo por nada, es la más veces simple debilidad.

Crane

Dícese que los regalos persuaden aun a los dioses.

Eurípides

Nuestro deber es ser útiles, no como queremos sino como podemos.

Napoleón

Nuestro deber es lo que reclama el día de hoy.

Goethe

No existe delito que no tenga precedente.

Séneca

Muchos son limpios de manos, porque se lavan, no porque no roban.

Quevedo

Quien gatea por la lisonja, y trepa por la mentira, y se empina sobre la mañana y se encarna sobre los cohechos, éste que parece que viene dado y a que le roben, a robar viene.

Quevedo

Desconfía del hombre que te aconseja que desconfíes.

Etla Wheeler

Es más vergonzoso desconfiar de los amigos que ser engañado por ellos.

La Rochefoulcauld

Lo mucho se vuelve poco con desear otro poco más.

Quevedo

Los deseos de vuestra vida forman una cadena, cuyos eslabones son las esperanzas.

Séneca

La flor de mi deseo no caerá en el polvo sin haber madurado su fruto. Pero es labor de toda una vida conseguir que el ser verdadero sea conocido y respetado.

Tagore

El mejor remedio en las injurias es despreciarlas.

Alemán

La herida causada por una lanza puede curar, pero la causada por la lengua es incurable.

Proverbio árabe

Los mismos vicios pueden engendrar orgullo desmedido o humildad excesiva.

Montesquieu

El hombre es para el hombre un espejo.

Proverbio turco

El mayor número de los males que padece el hombre provienen del hombre mismo.

Plinio

El honor que se vende, siempre se paga más caro de lo que él vale.

Duclos

Ser honesto es aburrirse gratis.

Jardiel Poncela

Una mujer honesta es un tesoro oculto que quien lo halla, hará muy bien en no pregonarlo.

La Rochefoucauld

El peor de los hombres es el que siendo malo quiere pasar por bueno: siendo infame habla de virtud y pundonor.

San Agustín

● Los hijos no empiezan a querer a sus padres hasta pasados los treinta años.

Jardiel Poncela

● Por severo que sea un padre juzgando a su hijo, nunca es tan severo como un hijo juzgando a su padre.

Jardiel Poncela

No hay en el mundo más bello exceso que el de la gratitud.

La Bruyère

No es mucho que a quien te da la gallina entera, tu des una pierna de ella.

Refrán

Pocas veces quien recibe lo que no merece, agradece lo que recibe.

Quevedo

La ingratitud es hija de la soberbia.

Cervantes

El ingrato el bien escribe en agua, el mal en piedra.

Lope de Vega

De todas las variedades de virtud la generosidad es la más estimada.

Aristóteles

Lo que llamamos generosidad, solamente puede ser la vanidad de dar: nos hace disfrutar más la vanidad que la cosa dada.

La Rochefoucauld

Solamente está exento de fracasos el que no hace esfuerzos.

Whately

No es vencido sino el que cree serlo.

Rojas

Todo lo fui y de nada me ha servido.

Severo

La familia es el espejo de la sociedad

Víctor Hugo

Las familias son como los ejércitos: pueden ponerse a salvo mediante un prudente movimiento de despegue.

Maurois

Es una gran suerte tener pocos parientes.

Menandro

Un diamante con un defecto es mejor que un pedrusco sin ninguno.

Proverbio chino

No veo cometer una falta que yo haya podido cometer de igual modo.

Goethe

Olvidamos nuestras faltas con mucha facilidad cuando sólo las conocemos nosotros mismos.

La Rochefoucauld

Los envidiosos podrán morir, pero la envidia nunca.

Molière

Nuestra envidia dura siempre más que la dicha de aquellos a quienes envidiamos.

La Rochefoucauld

El hombre a quien nadie envidia no es feliz.

Esquilo

Somos fácilmente engañados por aquellos a quienes amamos.

Moliére

Sólo cuando se está en posesión de la verdad, se da uno cuenta de lo deliciosa y preferible que era la mentira.

Jardiel Poncela

Nada es más difícil que engañar a un pillo.

Cana

No existe ningún hombre que tenga el derecho de despreciar a los hombres.

Alfredo de Vigny

El que desprecia demasiado, se hace digno de su desprecio.

Amiel

No se desprecia a todos los que tienen vicios; pero se desprecia a todos los que no tienen ninguna virtud.

La Rochefoucauld

Entre pedir prestad y mendigar no hay mucha diferencia.

Lessing

Las deudas son la esclavitud de los libres.

Syro

Las preguntas nunca son indiscretas; las respuestas a veces sí.

Wilde

No puede haber gracia donde no hay discreción.

Cervantes

Una onza de discreción vale por una libra de ingenio.

Ray

El amor propio es el mayor de los aduladores.

La Rochefoucauld

Juan Palomo, yo lo guiso y yo me lo como.

Refrán

Si tuviéramos que tolerar a los demás todo lo que nos permitimos a nosotros mismos, la vida sería intolerable.

Courteline

CONOCIMIENTO Y SABIDURÍA:

La sabiduría sirve de freno a la juventud, de consuelo a los viejos, de riqueza a los pobres y de ornato a los ricos.

Diógenes

Los sabios son los que buscan la sabiduría; lo necios piensan ya haberla encontrado

Napoleón I

La felicidad no está en la ciencia, sino en la adquisición de la ciencia.

Poe

La sabiduría es un tesoro que nunca causa entorpecimientos.

La Fontaine

Son eruditos aquellos que sacan las cosas del olvido manuscrito, para sepultarlas en el olvido impreso.

D'Ors

La única libertad es la sabiduría.

Séneca

No basta adquirir la sabiduría, es preciso usarla.

Cicerón

No es sabio el que sabe muchas cosas, sino el que sabe cosas útiles.

Esquilo

Un hombre no es sino lo que sabe.

Bacon

El que pretende pasar por sabio entre los necios, pasa por necio entre los sabios.

Quintiliano

La ignorancia es una maldición de Dios; el saber es el ala con la cual volamos hacia el cielo.

Shakespeare

Sólo la ciencia abre los caminos de la verdad.

González

La razón es un destello divino que distingue al racional del bruto.

Palma

Lo contrario a la razón es también contrario a la verdad cierta e indispensable, mientras que lo superior a la razón es contrario tan sólo a nuestro modo de ver las cosas.

Leibniz

No puedo contentarme con tener razón yo solo.

Amiel

La razón del más fuerte es siempre la mejor

La Fontaine

Hay una cosa que os guardará de las seducciones y de las tentaciones mejor que las más sabias máximas; una buena biblioteca.

Levallois

El primero y más difícil problema que un bibliófilo debe resolver es éste: formar una excelente biblioteca con cuantos menos libros sea posible.

Mouravit

¡Dichosos los libros que nos enseñan a crear, a esperar y a amar! ¡Dichosos los hombres que los escriben! ¡Qué apaciblemente mueren, rodeados de sus obras, que se disponen a seguirlos!

Villalosada

La biografía es la única y verdadera historia.

Anónimo

Una vida bien escrita es casi tan rara como una vida bien vivida.

Carlyle

Cuando leas una biografía, ten presente que la verdad nunca es publicable.

G.B. Shaw

Nuestros pensamientos más importantes son los contrarios a nuestros sentimientos.

Valèry

No os ajustéis a la opinión del vulgo, sino al recto juicio.

Bacon

Basta frecuentemente una frase corta para derribar un poder.

Levy

Jamás se descubre mejor un hombre que sabe poco que cuando habla mucho.

Odín

Todo depende de la opinión.

Séneca

Debe valorarse la opinión de los estúpidos: están en mayoría.

Tolstoi

Un tonto sabio es más tonto que un tonto ignorante.

Molière

Prefiero los malvados imbéciles. Aquéllos al menos, dejan algún respiro.

Dumas

Quien necio es en su villa, necio es en Castilla.

Cervantes

Es más deseable una hermosa muerte que una larga vida.

Séneca

No es tormento la muerte, sino fin de tormentos.

Salustio

No hay idea en la mente que no tienda a convertirse en poder y que no organice los medios de realizarse.

Emerson

Las ideas son las armas más poderosas del hombre; sin ellas el hombre se reduce a la bestia.

Kempis

Aunque suele la memoria
morir a manos del tiempo,
también suele revivir
a vista de los objetos,
mayormente cuando son
para dolor sus acuerdos.

Calderón

Sepan que olvidar lo malo
también es tener memoria.

Hernández

Cuando un escritor principia a comerciar con su ingenio, no tarda en suspender los pagos.

Palacio Valdés

Aunque soy hombre de letras, no debéis suponer que no he intentado ganarme la vida honradamente.

Shaw

Hay momentos en que me parece que el lenguaje no sirve todavía absolutamente para nada.

Beethoven

Señal de ingenio mediocre es estar siempre contando cosas.

La Bruyère

La lectura para ser útil debe ser un ejercicio que implique algún trabajo.

Renán

Si no podéis disfrutar leyendo un libro repetidas veces, de nada sirve leerlo una sola vez.

Wilde

La inteligencia es víctima del corazón, dicen algunos; ciertamente, pero a veces toma el desquite.

Delaforest

Dos cosas hay igualmente temibles: un buen cuchillo en manos de un loco y una gran inteligencia en la cabeza de un malvado.

Valtour

Aun el ignorante, si calla, será reputado por sabio; y pasará por entendido si no despliega los labios.

Salomón

No podemos tener una idea exacta de quien jamás calla.

Maeterlinck

La ciencia apenas sirve más que para darnos una idea de la extensión de nuestra ignorancia.

Lamennais

La ciencia que niega la fe es tan irracional como la fe que niega la ciencia.

Levy

La ciencia está hecha de dos partes: primera, saber que se sabe lo que se sabe; segunda, saber que no se sabe lo que no se sabe.

Jean Pervin

¡Quién podrá reposar tranquilo mientras los infelices maldicen su descanso!

Jovellanos

La conciencia para ti, la fama para tu prójimo.

San Agustín

Dentro de mí hay otro hombre que está contra mí.

Browne

Este es el castigo más importante del culpable: nunca ser absuelto en el triunfal de su propia conciencia.

Juvenal

La más grave falta es no tener conciencia de ninguna.

Einstein

De los círculos eternos que abren nuestras acciones no tenemos más conocimiento que el que tiene la piedra cuando cae en el agua y salen sus círculos.

Valle Inclán

Todos quieren poseer conocimientos; pero pocos están dispuesto a pagar su precio.

Juvenal

El conocimiento acrecienta nuestro poder en la misma proporción en que disminuye nuestro orgullo.

Bernard

Desde mis primeros pasos siempre me mandé a mí mismo.

Napoleón

Si no somos responsables por los pensamientos que pasan por nuestro cerebro, al menos somos responsables por los que hacemos nuestros.

Newcomb

La costumbre es una segunda naturaleza.

San Agustín

Pensamos según nuestra naturaleza, hablamos conforme a las reglas y obramos de acuerdo con la costumbre.

Bacon

Las ideas no tienen importancia alguna. Las ideas son el uniforme vistoso que se les pone a los sentimientos y a los instintos. Una costumbre indica mucho más el carácter de un pueblo que una idea.

Baroja

La persistencia de una costumbre está ordinariamente en relación directa con lo absurdo de ella.

Proust

La costumbre con la costumbre se vence.

Kempis

Donde fueres, haz lo que vieres.

Refrán

Los críticos son los eunucos del arte; hablan acerca de lo que no pueden hacer.

Pehmann

No hay necio más molesto que el ingenioso.

La Rochefoucauld

La crítica mordaz tiene la misma relación con la literatura que la pulga con el perro: lo infesta y vive de él, sin mejorarlo o adornarlo.

Anónimo

Un crítico novato es como un niño con escopeta: a menudo dispara sobre todo ser viviente que ve, pensando en su puntería y no en el dolor que causa.

Longfellow

Hay críticas y hay censuras que honran más que los elogios.

Perier

Un verdadero crítico tiene que saber más que el autor a quien critica. Un criticón puede serlo cualquier necio.

Canal

La crítica es en sí misma un arte. Al igual que la obra del poeta o del escultor, no puede ser juzgada con un bajo criterio de imitación o semejanza. El crítico está en la misma relación con la obra de arte que critica, que el artista con el mundo visible de la forma y del color o el mundo invisible de la pasión y de la idea. Ni siquiera requiere para su perfección los materiales más ricos. Todo sirve a su propósito.

Wilde

El cultivo de su ingenio a nadie hizo rico.

Petronio

Ser libre es dejar de depender de alguien para depender de todos.

Jardiel Poncela

La relativa independencia de pensamiento se sustenta en la independencia económica; la absoluta independencia de pensamiento no se sustenta sino en la renunciación.

Manero

Lo que ahora se considera realizado, antes fue imaginado.

Blake

La ignorancia es la noche de la mente; pero una noche sin luna y sin estrellas.

Confucio

El valor de una idea no tiene nada que ver con la sinceridad del hombre que la expresa.

Wilde

Las ideas envejecen más pronto que las palabras.

Le Bon

El ideal debe ser claro, definido, bien dibujado; tener un ideal hoy y otro mañana es gastar fuerzas inútilmente.

Anónimo

La imaginación gobierna el universo.

Napoleón

La historia es la mentira encuadernada.

Jardiel Poncela

La única historia digna de atención es la de los pueblos libres; la de los pueblos sometidos al despotismo no es más que una colección de anécdotas.

Chamfort

Ser grande es ser incomprendido.

Wilde

Hacer con soltura lo que es difícil a los demás, he ahí la señal del talento; hacer lo que es imposible al talento, he ahí el signo del genio.

Amiel

No ha habido hombre de genio extraordinario sin mezcla de locura.

Séneca

Los hombres son sabios no en proporción a la experiencia recibida, sino a su capacidad de experiencia.

Shaw

Experiencia es el nombre que damos a nuestras equivocaciones.

Wilde

Estudia como si fueras a vivir para siempre: vive como si fueras a morir mañana.

Insulis

Las puertas de la sabiduría nunca están cerradas.

Franklin

La dificultad no es sino una palabra para designar la cantidad de fuerza que es necesaria para vencer un obstáculo.

Warren

¿Para qué hacer las cosas con facilidad si se pueden hacer con dificultad?

Proverbio mexicano

¡Pobre discípulo el que no deja atrás a su maestro!

Da Vinci

Haced que los niños busquen aquellos que sean capaces de hallar por sus solas fuerzas.

Pestalozzi

Procura en tus estudios no saber más que los otros, sino saberlo mejor.

Séneca

Noble cosa es, aun para un anciano, el aprender.

Sófocles

El verdadero modo de no saber nada es aprenderlo todo a la vez.

Sand

El hombre sin educación es la caricatura de sí mismo.

Schlegel

Simplificar, he ahí el principal secreto de la enseñanza.

Fouillée

La verdad siempre se halla en la simplicidad y no en la multiplicidad y confusión de las cosas.

Newton

La madurez del hombre es haber vuelto a encontrar la seriedad con que jugaba cuando era niño.

Nietzsche

La palabra es lo mejor que se puede encontrar, la tentativa siempre frustrada para expresar eso a lo que, por medio de palabra, llamamos pensamiento.

Saramago

El estudio y, en general, la búsqueda de la verdad y la belleza conforman un área donde podemos seguir siendo niños toda la vida.

Einstein

El ignorante afirma; el sabio duda y reflexiona.

Aristóteles

El hombre más sabio que he conocido en toda mi vida no sabía leer ni escribir.

Saramago

Si he logrado ver más lejos, ha sido porque he subido a hombros de gigantes.

Newton

Hay la misma diferencia entre un sabio y un ignorante que entre un hombre vivo y un cadáver.

Aristóteles

La razón o el juicio es la única cosa que nos hace hombres y nos distingue de los animales.

Descartes

El pensamiento corrompe el lenguaje y el lenguaje también puede corromper el pensamiento.

Orwell

El hombre sabio querrá estar siempre con quien sea mejor que él.

Platón

Los libros sólo tienen valor cuando conducen a la vida y le son útiles.

Hesse

La inteligencia consiste no sólo en el conocimiento, sino también en la destreza de aplicar los conocimientos en la práctica.

Aristóteles

No digas pocas cosas en muchas palabras, sino muchas cosas en pocas palabras.

Pitágoras

Ciencia es todo aquello sobre lo cual siempre cabe discusión.

Ortega y Gasset

La razón y el valor siempre se impondrán a la traición y a la ingratitud.

Platón

Todas las verdades son fáciles de entender, una vez descubiertas. El caso es descubrirlas.

Galileo

Los sabios tienen sobre los ignorantes las mismas ventajas que los vivos sobre los muertos; que la sabiduría es un adorno en la prosperidad y un refugio en la adversidad.

Aristóteles

Daría todo lo que sé por la mitad de lo que ignoro.

Descartes

Sólo hay un Dios, y es el conocimiento, y una maldad, que es la ignorancia.

Platón

Piensa como piensan los sabios, más habla como habla la gente sencilla.

Aristóteles

El pensamiento es la única cosa del Universo de la que no se puede negar su existencia: negar es pensar.

Ortega y Gasset

POLÍTICA Y SOCIEDAD:

Ninguna sociedad más noble y estable que la de hombres de bien unidos por la conformidad de costumbres y por la amistad.

Cicerón

En sociedad no todo se sabe, pero todo se dice.

France

Las revoluciones empiezan por la palabra y concluyen por la espada.

Marat

Cuando el pueblo se rebela no sabemos cómo podrá volver a la calma, y cuando está tranquilo no comprendemos como pueden sobrevenir las revoluciones.

La Bruyère

La revolución es buena para los histriones. Sirven todos los gritos, todas las necedades tienen valor, todos los pedantes alcanzan un pedestal.

Baroja

Se ha querido hacer equivocadamente de la burguesía una clase. La burguesía es, sencillamente, la porción satisfecha del pueblo. El burgués es el hombre que puede ya sentarse a descansar. Una silla no es una casta.

Víctor Hugo

Un pueblo en sangrienta anarquía, un pueblo en la miseria, es todavía un pueblo y tiene derecho a toda esperanza; pero un pueblo sin idealidad no es nada ni tiene derecho a nada.

Maragall

La demagogia es la hipocresía del progreso.

Proudhon

El efecto de toda civilización llevada al extremo es la sustitución del espíritu por la materia y de la idea por la cosa.

Gautier

El progreso es la realización de las utopías.

Wilde

Toda la historia de los progresos humanos es la simple imitación del genio.

Sarmiento

La política fue en principio el arte de impedir a la gente meterse en lo que le importaba. En una época posterior agregósele el arte de comprometer a la gente a decidir sobre lo que no entiende.

Valèry

Las convicciones políticas son como la virginidad: una vez perdidas, no vuelven a recobrarse.

Pi y Margall

El arte de la guerra es el arte de destruir a los hombres; de la misma manera que la política es el de engañarnos.

D'Alembert

La política no es asunto propio ni de filósofos ni de moralistas; la política es el arte de sacar de una situación determinada el mejor partido posible.

Barrés

¡Qué cosa tan simple la política! De un lado, los que tienen todo, dinero, honores y cargos; del otro los que nada poseen. Aquéllos todo lo encuentran bien. Estos lo encuentran todo mal. A la derecha la digestión; a la izquierda el apetito.

Sardou

No hay autoridad como la que se funda en la justicia y se ejerce por la virtud,

Mabire

La multitud, cuando ejerce la autoridad, es más cruel aún que los tiranos de Oriente.

Sócrates

El que prefiera ser amado que temido, ejerza el poder con mansedumbre.

Quilón

El patriotismo es el último refugio de los pícaros.

Johnson

Mi patria como hombre es el mundo entero.

Marco Aurelio

Toda una ciudad, toda una nación reside en pocas personas que piensan más vigorosa e intensamente que las demás. El resto no cuenta.

France

El valor de una nación no es otra cosa que el valor de los individuos que la componen.

S. Mill

Un mal general, es mejor que dos buenos.

Proverbio francés

Nada es más grato al espíritu del hombre que el poder de la dominación.

Addison

Cuando un político regala una rosquita de harina es porque ya se ha apropiado de cien mil cargas de trigo.

Comentario popular

Es más fácil dictar leyes que ejecutarlas.

Napoleón

Las leyes son semejantes a las telas de araña; detienen a lo débil y ligero, y son deshechas y traspasadas por lo fuerte y poderoso.

Solón

Inicua es la ley que a todos igual no es.

Rojas

Una circunstancia esencial de la justicia es administrarla prontamente; hacerla esperar o diferirla es ya una injusticia.

La Bruyère

El primer surco abierto en la tierra por el hombre salvaje, fue el primer acto de su civilización.

Lamartine

La civilización no suprime la barbarie, la perfecciona.

Voltour

El fin práctico de la civilización consiste en obligar a la muerte a hacer cada día más larga antesala delante de nuestra alcoba.

Ramón y Cajal

Democracia significa gobierno por los sin educación, mientras que aristocracia significa gobierno por los mal educados.

Chesterton

La democracia se basa en la convicción de que existen posibilidades extraordinarias en el pueblo medio.

Fosdick

La democracia es un abuso de las estadísticas.

J. L. Borges

¡Con qué falta de justicia están ordenadas las cosas! ¡Que los que menos bienes poseen, tengan que acrecentar los de los más ricos!

Terencio

Es mejor ser víctima de una injustica, que hacerla a otro.

Cicerón

Todos somos del mismo barro, pero no es lo mismo bacín que jarro.

Anónimo

La igualdad sólo existe en teoría.

Napoleón

El hombre ha nacido libre y por doquiera se encuentra sujeto con cadenas.

Rousseau

El hombre es un conjunto de fuerza y debilidad, de luz y de ceguera, de pequeñez y grandeza.

Diderot

Para mí los grandes hombres son los primeros y los héroes los últimos. Llamo grandes hombres a todos los que se han distinguido en lo útil y en lo agradable.

Voltaire

Si pudiéramos salir de nosotros mismos y gustar la desdicha del héroe, cuantos de nosotros volverían sin pena a su felicidad estrecha.

Maeterlinck

Las guerras largas se terminan siempre con la destrucción e infelicidad de ambos bancas.

Jenofonte

Fácilmente se comienza la guerra, y con dificultad se acaba.

Salustio

La guerra es un atentado contra el género humano.

Plinio

Quien no sabe qué es guerra, vaya a ella.

Anónimo

Un ejército de ciervos dirigido por un león es mucho más temible que un ejército de leones mandado por un ciervo.

Plutarco

Un gobierno es tanto mejor cuanto menos se hace sentir.

Montes de Oca

Aprende a gobernarte a ti mismo antes de gobernar a los otros.

Solón

Es posible que la frase «dictadura del proletariado» no tenga sentido alguno. Tanto valdría decir: «la omnipotencia de los conductores de ómnibus». Es evidente que si un conductor fuese omnipotente, no conduciría un ómnibus.

Chesterton

El ejército entiende mejor la idea de la gloria que la idea de la libertad.

Segur

El ejército debe estar en ejercicio constante para que los soldados no tengan tiempo de pensar en cosas que no los hagan sediciosos e inútiles.

Maquiavelo

El ejército ha sido siempre la base del poder y lo sigue siendo. El poder está siempre en manos de los que tienen el mando de ejército.

Tolstoi

Fuera de la sociedad, el hombre es una bestia o un dios.

Aristóteles

El político debe ser capaz de predecir lo que va a ocurrir mañana, el mes próximo y el año que viene, y de explicar después por qué no ha ocurrido.

Churchill

En política el vencedor es quien tiene razón.

Karr

La democracia da a cada uno el derecho de ser su propio opresor.

Lowell

La democracia perfecta sólo puede existir en una sociedad de ángeles.

Rousseau

La forma que en política ha representado la más alta voluntad de convivencia es la democracia liberal.

Ortega Y Gasset

La política es la historia que se está haciendo, o que se está deshaciendo.

Bordeaux

La política es una guerra sin efusión de sangre, y la guerra, una política con efusión de sangre.

Mao Tse-Tung

Los científicos se esfuerzan por hacer posible lo imposible. Los políticos, por hacer lo posible imposible.

Russell

Nada va bien en un sistema político en el que las palabras contradicen los hechos.

Napoleón

Quien hace política pacta con los poderes diabólicos que acechan a todo poder.

Weber

Una papeleta de voto es más fuerte que una bala de fusil.

Lincoln

Si hubiera más políticos que supieran poesía y más poetas que entendieran de política, el mundo sería un lugar un poco mejor para vivir en él.

Kennedy

Cuanto más siniestros son los designios de un político, más estentórea se hace la nobleza de su lenguaje.

Huxley

El mundo está harto de estadistas a quienes la democracia ha degradado convirtiéndolos en políticos.

Disraeli

En la aritmética política, dos y dos no son jamás cuatro.

Romero Robledo

En política la sensatez consiste en no responder a las preguntas. La habilidad, en no dejar que las hagan.

Suarès

La libertad es el único objetivo digno del sacrificio de la vida de los hombres.

Bolívar

El lenguaje político está diseñado para que las mentiras parezcan verdades, el asesinato una acción respetable y para dar al viento apariencia de solidez.

Orwell

Quien es capaz de vivir en sociedad y no tiene necesidad de ella, porque se basta a sí mismo, tiene que ser un animal o un dios.

Aristóteles

La multitud de leyes frecuentemente presta excusas a los vicios.

Descartes

No reniego del patriotismo, pero primeramente soy un ser humano, y cuando ambas cosas son incompatibles, siempre le doy la razón al ser humano.

Hesse

Los hombres no viven juntos porque sí, sino para acometer juntos grandes empresas.

Ortega y Gasset

Si la libertad significa algo, será, sobre todo, el derecho a decirle a la gente aquello que no quiere oír.

Orwell

El pueblo debe ser obedecido hasta cuando yerra.

Bolívar

OFICIOS Y TALENTOS:

Si no hubiera malas gentes no habría buenos abogados.

Dickens

Ganar en proceso es adquirir una gallina y perder una vaca.

Proverbio chino.

Los abogados, como el pan, son mejores cuando jóvenes y nuevos; y los médicos, como el vino, cuando viejos.

Fuller

Los agricultores son los fundadores de la civilización.

Webster

Honra a los labradores, porque los que labran la tierra son el pueblo escogido por Dios.

Jefferson

El que posee el suelo posee hacia arriba hasta los cielos.

Juvenal

La agricultura es la más noble de todas las alquimias, porque convierte a la tierra y aun a la majada en oro, y da además al cultivador un premio de salud.

Chatfield.

La vida del agricultor es la mejor calculada para la felicidad y para las virtudes humanas.

Quiney

Los médicos inoculan drogas que no conocen, en cuerpos que conocen aún menos.

Voltaire

La poesía no se vende porque la poesía no se vende.

G. Boido

La gran tragedia de un poeta consiste en ser admirado por aquello precisamente que todos interpretan mal.

Cocteau

La poesía es el diario de un animal marino que vive en la tierra y que quisiera lanzarse a los aires. La poesía es la búsqueda de sílabas para dispararlas contra las murallas de lo desconocido y de lo inescrutable.

Sandburg

El Arte es un compendio de la naturaleza formado por la imaginación.

Eça de Queiroz

Ama el Arte. De todas las mentiras es, cuando menos, la menos falaz.

Flaubert

Todo arte es imitación de la Naturaleza.

Séneca.

La pintura debe ser un órgano moral de la vida humana.

Tolstoi

Nadie puede añadir nada a un árbol ni a una flor. Lo mismo sucede con una verdadera obra de arte.

Hebbel

Que un perro haya mordido a un hombre no constituye noticia; pero sí lo es que un hombre haya mordido a un perro.

Dana

En arte, el hijo instruye al padre; la obra al maestro.

Hebbel

El autor debe estar en su obra como Dios en el universo; presente en todas partes, pero en ninguna visible.

Flaubert

La audacia es en los negocios lo primero, lo segundo y lo tercero.

Anónimo

La audacia lleva a los hombres al cielo o al infierno.

Colofón

Los periodistas, como las moscas, son más inoportunos que perniciosos.

Leopoldo de Bélgica

El amor hace mucho pero el dinero hace todo.

Proverbio

El provecho de uno siempre es perjuicio de algún otro.

Montaigne

La música es el placer que el alma experimenta contando sin darse cuenta de que cuenta.

Leibnitz

La música es el idioma universal.

Ponce

La medicina es el arte de acompañar al sepulcro con palabras griegas.

Jardiel Poncela

Las mejores medicinas son la templanza y el trabajo; éste aguza el apetito y aquélla impide abusar de él.

Rousseau

El que te enseña por un día es tu padre por toda la vida.

Proverbio chino

Yo no enseño a quien no se esfuerza en comprender.

Confucio

La única recompensa que puede esperarse del cultivo de la literatura es el desdén si uno fracasa y el odio si uno triunfa.

Voltaire

Escribir bien es poseer al mismo tiempo inteligencia, alma y gusto.

Buffon

No hay cosa que dé tanto placer a un escritor como ver sus obras citadas con respecto por otros doctos autores.

Franklin

Los primeros comerciantes han debido ser aventureros, como lo enseña la historia verídica de Marco Polo o la fantástica de Simbad el marino.

Charles Gide

El comercio une a los hombres; todo aquello que los une los coliga. El comercio es esencialmente perjudicial para la autoridad.

Napoleón

El comercio es casi un arte; es la forma inferior, el primer grado del arte.

Brumetiere

El hábito de conversar con gentes de ingenio superior al vuestro, en vez de elevaros, os deprime.

Lamb

Yo no cito a otros más que para mejor expresar un pensamiento.

Montigne

Conversar es dar cuenta de nosotros mismos.

Emerson

La fuerza del derecho no está en la razón, sino en la fuerza; todo derecho que se ejerce es un derecho indiscutible.

Vte. Medina

El derecho no es sino la voluntad vencedora realizada y la imposición de esta voluntad vencedora.

Eleutheropulos

La habilidad natural puede compensar cualquier clase de cultura; pero no hay cultura capaz de compensar la habilidad natural.

Schopenhauer

No hay fuerza sin habilidad.

Napoleón

La filosofía es el amor a la sabiduría.

Pitágoras

La filosofía triunfa fácilmente de los males pasados y de los males futuros, pero los males presentes triunfan de ella.

La Rochefoucauld

La costumbre de los filósofos no está conforme con sus preceptos; pero si no viven como enseñan, enseñan cómo se ha de vivir.

Séneca

¡Oh, Filosofía! ¡Cuánta es la tiranía de tus preceptos! Nos mandas amar, y nos prohíbes llorar la pérdida de lo amado.

Éufrates

El que te enseña por un día, es tu padre por toda la vida.

Proverbio chino

El sabio comienza por hacer lo que quiere enseñar y después enseña.

Confucio

El que puede hacer, haga. El que no pueda hacer, enseñe.

Bernad Shaw

Procura no dar ni pedir prestado a nadie, porque el que presta suele perder a un tiempo el dinero y el amigo, y el que se acostumbra a pedir prestado falta al espíritu de economía y buen orden que nos es tan útil.

Shakespeare

El hombre más rico es el económico y el más pobre es el avaro.

Chamfort

Hay muchos medios de hacerse rico, pero muy pocos de hacerlo con honradez; la economía es uno de los más seguros, a pesar de que tampoco es del todo inocente, porque resta una parte a la caridad.

Bacon

En oratoria no es necesario que el público entienda lo que el orador dice.

Judiel

La elocuencia es a lo sublime lo que el todo a su parte.

La Bruyere

La habilidad es la riqueza del pobre.

Wren

Cuando uno escribe, el lector es uno.

J. L. Borges

El arte de escribir consiste en decir mucho con pocas palabras.

Chéjov

El arte es un tipo de conocimiento superior a la experiencia.

Aristóteles

La medicina, pues, no busca lo conveniente para sí misma, sino para el cuerpo.

Platón

La poesía es hoy el álgebra superior de las metáforas.

Ortega Y Gasset

La lectura es una conversación con los hombres más ilustres de los siglos pasados.

Descartes

La literatura es siempre una expedición a la verdad.

Kafka

La música es para el alma lo que la gimnasia para el cuerpo.

Platón

Las obras de arte se dividen en dos categorías: las que me gustan y las que no me gustan. No conozco ningún otro criterio.

Chéjov

Las canciones están ahí. Tienen una existencia propia, y lo único que esperan es a que alguien las escriba.

Bob Dylan

La poesía es más profunda y filosófica que la historia.

Aristóteles

Digamos que existen dos tipos de mentes poéticas: una apta para inventar fábulas y otra dispuesta a creerlas.

Galileo

La música es el corazón de la vida. Por ella habla el amor; sin ella no hay bien posible y con ella todo es hermoso.

Liszt

En la música todos los sentimientos vuelven a su estado puro y el mundo no es sino música hecha realidad.

Schopenhauer

Componer no es difícil, lo complicado es dejar caer bajo la mesa las notas superfluas.

Brahms

La música constituye una revelación más alta que ninguna filosofía.

Beethoven

Aprender música leyendo teoría musical es como hacer el amor por correo.

Pavarotti

En verdad, si no fuera por la música, habría más razones para volverse loco.

Tchaikovsky

La música compone los ánimos descompuestos y alivia los trabajos que nacen del espíritu.

Cervantes

El arte de la música es el que más cercano se halla de las lágrimas y los recuerdos.

Wilde

Estoy seguro de que la buena música la vida alarga.

Menuhin

El arte de dirigir consiste en saber cuando hay que abandonar la batuta para no molestar a la orquesta.

Von Karajan

Un libro abierto es un cerebro que habla; cerrado un amigo que espera; olvidado, un alma que perdona; destruido, un corazón que llora.

Proverbio Hindú

La música es la aritmética de los sonidos, como la óptica es la geometría de la luz.

Debussy

Los libros son, entre mis consejeros, los que más me agradan, porque ni el temor ni la esperanza les impiden decirme lo que debo hacer.

Alfonso V

Poesía es la unión de dos palabras que uno nunca supuso que pudieran juntarse, y que forman algo así como un misterio.

García Lorca

Algunos libros son probados, otros devorados, poquísimos masticados y digeridos.

Bacon

Si amas lo que haces, nunca será un trabajo.

Confucio

Uno no pinta siempre lo que ve, sino lo que siente.

Van Gogh

El periodista es estimulado por el plazo. Escribe peor si dispone de tiempo.

Kraus

Trabajemos sin teorizar; es la única manera de hacer soportable la vida.

Voltaire

Una de las desventajas de no tener nada que hacer es que no puedes darte un descanso.

Anónimo

Lo que se lee sin esfuerzo ninguno, se ha escrito siempre con un gran esfuerzo.

Jardiel Poncela

Todo arte consiste en dar el ser a algo.

Aristóteles

La misión del arte no es copiar la naturaleza, sino expresarla.

Balzac

RELIGIÓN Y FE:

Nunca se está más cerca de Dios que en la aflicción, que induce a la purificación del alma.

Molinos

Yo diría, con Lorenzo de Médicis, que quienes no esperan otra vida están muertos también para la presente.

Eckermann

La vida de cada hombre es un cuento de hadas escrito por la mano del Señor.

Andersen

Dios no condenó al hombre a trabajar, sino a vivir, concediéndole el trabajo como circunstancia atenuante.

Legouvé

Los sueños vienen de Dios.

Homero

Dios murmura en la casaca y canta en el poeta.

Baroja

El hombre que comprendiese a Dios sería otro Dios.

Chateaubriand

Comprendo la ira contra Dios, pero no comprendo que se pueda negar su existencia.

D'Aurevilly

Conviene que existan los dioses: y, puesto que conviene, creamos que existen.

Ovidio

Ten cuidado con el hombre cuyo Dios está en los cielos.

Shaw

Aplicar el bálsamo religioso a los males colectivos, es declarar que no tienen remedio.

Justo

Los hombres se crean sus dioses a su propia semejanza.

Huxley

Eliminad a Dios del Universo, y el Universo no será más que una gran ilusión,

Lamennais

La existencia de Dios es más cierta que el más cierto de todos los teoremas de la geometría.

Descartes

Todas las sectas me parecen estar acertadas en sus afirmaciones, y equivocadas en sus negaciones.

Goethe

Tenemos bastante religión como para odiarnos, pero no suficiente para amarnos.

Swift

Todo el mundo antiguo se deterioró moralmente al adoptar el cristianismo.

Russell

El loco ha dicho en su corazón no hay Dios.

Salmos

El ateísmo es el resultado de la ignorancia y del orgullo: de mucho sensualismo y poca razón; de bien comer y mal vivir.

Collier

El catolicismo no puede conciliarse con el naturalismo ni con el racionalismo.

Papa León II

La iglesia Católica no ha errado nunca ni errará; de ello son testigos las Sagradas Escrituras.

Papa Gregorio VII

La firmeza del cristianismo estriba en su moral benévola, en su exquisita adaptación al corazón humano, en la felicidad con que sus ideas se acomodan a todas las inteligencias, en el consuelo que aporta a los afligidos, en la luz con que ilumina el misterio de la tumba.

Macaulay

Todo lo que haga a los hombres buenos cristianos lo hace también buenos ciudadanos.

Webster

La misma vanidad nos lleva a eternizar nuestra memoria y nos hace imaginar más allá de la tumba la mentira de otra vida.

Plinio

El alma no puede imaginar nada sin acordarse de ninguna cosa pasada, más que con la condición de que el cuerpo continúe existiendo.

Spinoza

Cambiamos más fácilmente de religión que de café.

Corteline

Muchos no creen nada, pero tienen miedo de todo.

Hebbel

Para llegar al conocimiento de la verdad hay muchos caminos: el primero es la humildad, el segundo es la humildad, el tercero es la humildad.

San Agustín

La fe podría definirse brevemente como una creencia ilógica en el advenimiento de lo improbable.

Mencken

Cuando el fanatismo ha gangrenado el cerebro, la enfermedad es casi incurable.

Voltaire

El ateo es preferible al fanático; el primero obedece, el segundo, mata.

Napoleón

Cuando carecemos de esperanza, vivimos llenos de deseos.

Dante

Esperar es soñar despierto.

Aristóteles

Pobreza y esperanza son madre e hija. Mientras una se entretiene con la segunda, se olvida de la primera.

Richter

Antes perder la vida que la esperanza.

Quintiliano

Dios es paciente, porque es eterno.

San Agustín

Dios nos ha dado dos alas para volar hacia él: el amor y la razón.

Platón

Es más santo y reverente creer en las obras de Dios, que profundizar en ellas.

Tácito

Si no existiera Dios tendríamos que inventarlo.

Voltaire

Es verdad que hay dioses; pero lo que la multitud cree de ellos no es cierto, pues lo que la multitud cree cambia con el tiempo.

Epicuro

Los dioses han existido siempre y nunca han nacido.

Cicerón

La principal fuente de los conflictos actuales entre las esferas de la religión y de la ciencia yace en el concepto de un Dios personal.

Einstein

Sólo donde hay sepulcros puede haber resurrecciones.

Nietzsche

Dios y la naturaleza no hacen nada inútilmente.

Aristóteles

Sentir que detrás de cualquier cosa que pueda ser experimentada existe un algo que nuestra mente no puede captar y cuya belleza y sublimidad nos alcanza indirectamente y como un débil reflejo, eso es religiosidad. En ese sentido yo soy religioso.

Einstein

A falta de otra prueba, el dedo pulgar por sí solo me convencería de la existencia de Dios.

Newton

La esperanza es el sueño del hombre despierto.

Aristóteles

Creer significa liberar en sí mismo lo indestructible o mejor: liberarse o mejor aún: ser indestructible o mejor aún: ser.

Kafka

Las matemática son el alfabeto con el cual Dios ha escrito el universo.

Galileo

La religión es una ilusión que deriva su fuerza del hecho de que satisface nuestros deseos instintivos.

Freud

El hombre no reza para dar a Dios una orientación, sino para orientarse debidamente a sí mismo.

San Agustín

Dios significa ensanchar tanto el alma que pueda volver a abarcar todo.

Hesse

AMOR Y AMISTAD:

Cuanto más amamos a alguien, menos conviene alagarle.

Molière

¿Quieres perder a tu enemigo? Adúlale.

Swift

Ante todo debéis guardaros de las sospechas, porque ese es el veneno de la amistad.

San Agustín

Es difícil decir quién nos hace en la vida más daño, si nuestro enemigos con su peor intención, o nuestros amigos con la mejor.

Bulwer-Lytton

Sal de la vida es la amistad.

Vives

Hay pocos amigos al tiempo de la necesidad.

Teresa de Jesús

Si queréis formar juicio acerca de un hombre, observad cuáles son sus amigos.

Fénelon

Debes reprender en secreto a tu amigo y alabarlo en público.

Da Vinci

El amor es la ocupación de los ociosos y el ocio de los ocupados.

Lytton

Cuando la pobreza entra por la puerta, el amor se escapa saltando por la ventana.

Fuller

Amar es encontrar en la felicidad de otro la propia felicidad de amar.

G. Papini

El amor aminora la delicadeza femenina y acrecienta la del hombre.

Richter

En el amor hay más acíbar que miel.

Juvenal

Todo verdadero amor está formado en la estimación.

Buckingham

La volubilidad de la mujer que yo amo sólo puede compararse a la infernal constancia de las mujeres que me aman.

G.S. Shaw

El misterio del amor es más profundo que el misterio de la muerte.

Wilde

Cuanto más se ama a un amante, más cerca se está de odiarla.

La Rochefoucauld

Pocas personas hay que no se avergüencen de haberse amado cuando ya no aman.

La Rochefoucauld

No me hagas que te bese y no me harás pecar.

Bohn

En todo el mundo no hay una sola mujer besada, cuyos labios no hayan sido tomados enteramente por sorpresa.

Niñón

Jamás el odio ha sido apaciguado por el odio; el odio se destruye con el amor, esta es un regla eterna.

Dhamapada

En el matrimonio es preciso contar con cualidades que resistan, que duren, y las grandes pasiones pasan pronto; al paso que una condición apacible en todos tiempos es buena.

Larra

Después del amor, lo más dulce es el odio.
Longfellow

Nunca un mal amante es buen marido.
Ruiz de Alarcón

No son muy castas lágrimas las que amor muy nuevo se dan.
Máximo

Hay en los celos más amor propio que amor.
La Rochefoucauld

Son celos cierto temor
tan delgado y tan sutil,
que si no fuera tan vil,
pudiera llamarse amor.

Lope de Vega

Ni rosas sin espinas, ni amor sin celos.
Proverbio turco

Los celos de la mujer proceden ordinariamente del despecho; los del hombre son hijos del egoísmo.
Catalina

El consejo rara vez es bien recibido, porque el que más lo necesita es el que menos lo desea.
Johnson

A tus amigos aconséjalos en privado y elógialos públicamente.

Syro

El hombre que por más sabio que sea necesita del consejo de amigos sagaces en los negocios de la vida.

Plauto

Si el corazón fuera de acero, no lo vencería el dinero.

Anónimo

Los corazones femeninos son como esos pequeños muebles bargueños, llenos de cajoncitos encajados unos en otros; después de lastimarnos y de rompernos las uñas en ellos, hallamos en el fondo alguna flor seca, vilanos de polvo, o bien el vacío.

Flaubert

En amistad y en amor somos a menudo más felices por la ignorancia que por el conocimiento.

Shakespeare

La fidelidad es una virtud que embellece aun a la misma esclavitud.

Mason

No maquines mal alguno contra el amigo que ha puesto en ti su confianza.

Sagrada Biblia

Si buscas esposa, elige que valga menos que tú.

C. Rosell

Hay mujeres que renuncian a martirizar a varios hombre y prefieren encarnizarse sobre uno solo. Son las esposas constantes.

Alfred Capus

Un hombre muy enamorado nos hace soñar; un hombre muy enamorado de su mujer nos hace sonreír.

Wilde

Los hombres muy enamorados esperan del matrimonio una felicidad tan extraordinaria, que a menudo se sienten defraudados.

André Maurois

Si estás libre de enemigos porque a nadie hiciste injuria, no faltarán otros que lo sean por envidia.

Séneca

No dejes crecer la hierba en el camino de la amistad.

Platón

El amor sólo se da entre personas virtuosas.

Aristóteles

Dos cosas quiere el hombre auténtico: peligro y juego. Por ello quiere a la mujer: el más peligroso de los juegos.

Nietzsche

Escribe en la arena las faltas de tu amigo.

Pitágoras

El amor es un escándalo de tipo personal.

Chéjov

Los amigos se convierten con frecuencia en ladrones de nuestro tiempo.

Platón

La amistad es un alma que habita en dos cuerpos; un corazón que habita en dos almas.

Aristóteles

No tengas más que una mujer y un amigo. Las fuerzas del cuerpo y del alma no toleran más.

Pitágoras

El amor, a quien pintan ciego, es vidente y perspicaz porque el amante ve cosas que el indiferente no ve y por eso ama.

Ortega y Gasset

La felicidad es amor, no otra cosa. El que sabe amar es feliz.

Hesse

La amistad perfecta es la de los buenos y de aquellos que se asemejan por la virtud. Ellos se desean mutuamente el bien en el mismo sentido.

Aristóteles

Quien se manifiesta indiferente ante la vida y la muerte es que no ama.

San Agustín

La belleza que atrae, rara vez coincide con la belleza que enamora.

Ortega y Gasset

Amo como ama el amor. No conozco otra razón para amar que amarte. ¿Qué quieres que te diga además de que te amo, si lo que quiero decirte es que te amo?

Pessoa

Ama hasta que te duela. Si te duele es buena señal.

Madre Teresa de Calcuta

En un beso, sabrás todo lo que he callado.

Neruda

No olvides nunca que el primer beso no se da con la boca, sino con los ojos.

Bernhardt

Uno está enamorado cuando se da cuenta de que otra persona es única.

J. L. Borges

Amar no es solamente querer, es sobre todo comprender.

Sagan

Aprendemos a amar no cuando encontramos a la persona perfecta, sino cuando llegamos a ver de manera perfecta a una persona imperfecta.

Keen

Ama y haz lo que quieras. Si callas, callarás con amor; si gritas, gritarás con amor; si corriges, corregirás con amor, si perdonas, perdonarás con amor.

San Agustín

El hombre y la mujer han nacido para amarse, pero no para vivir juntos. Los amantes célebres de la historia vivieron siempre separados.

Clarasó

El que ha conocido sólo a su mujer y la ha amado, sabe más de mujeres que el que ha conocido mil.

Tolstoi

Amar no es mirarse el uno al otro; es mirar juntos en la misma dirección.

A. de Saint Exupery

Lo que hoy siente tu corazón, mañana lo entenderá tu cabeza.

Anónimo

Es más fácil quedar bien como amante que como marido; porque es más fácil ser oportuno e ingenioso de vez en cuando que todos los días.

Balzac

Las cartas de amor se escriben empezando sin saber lo que se va a decir, y se terminan sin saber lo que se ha dicho.

Rousseau

Un beso legal nunca vale tanto como un beso robado.

Maupassant

La peor forma de extrañar a alguien es estar sentado a su lado y saber que nunca lo podrás tener.

García Márquez

Al primer amor se le quiere más, a los otros se les quiere mejor.

A. de Saint Exupery

No existe el amor, sino las pruebas de amor, y la prueba de amor a aquel que amamos es dejarlo vivir libremente.

Anónimo

Ama como puedas, ama a quien puedas, ama todo lo que puedas. No te preocupes de la finalidad de tu amor.

Nervo

Besos que vienen riendo, luego llorando se van, y en ellos se va la vida, que nunca más volverá.

Unamuno

Un corazón es una riqueza que no se vende ni se compra, pero que se regala.

Flaubert

Si no recuerdas la más ligera locura en que el amor te hizo caer, no has amado.

Shakespeare

A un gran corazón, ninguna ingratitud lo cierra, ninguna indiferencia lo cansa.

Tolstoi

Nos equivocamos a menudo en el amor, a menudo herido, a menudo infeliz, pero soy yo quien vivió, y no un ser ficticio, creado por mi orgullo.

Sand

CUERPO, MENTE Y ALMA:

No hay cosa más odiosa a los hombres mediocres que las agudezas de los ingeniosos; ahí está en estos tiempos, la fuente de los odios.

Stendhal

El alma necesita pocas cosas, el cuerpo muchas.

Herbert

El alma ayuda al cuerpo y en determinados momentos lo levanta. Es la única ave que sostiene la jaula.

Víctor Hugo

¿Qué le aprovecha al hombre ganar todo el mundo si pierde su alma? ¿O qué podrá dar el hombre a cambio de su alma?

San Mateo

Sombras de sombras serían todas las cosas si no las animasen de un alma las ideas.

Castelar

El alma es un fuego que conviene alimentar y que se apaga si no se aumenta.

Voltaire

El alma humana es la golondrina de la radiosa y azul eternidad.

Víctor Hugo

La riqueza del alma es la única riqueza; los demás bienes son fecundos en dolores.

Luciano

El hombre está todo entero en su alma: para saber lo que es y lo que debe hacer es preciso que se mire en su inteligencia, en esa parte del alma en donde brilla un rayo de la sabiduría divina.

Platón

No se ha de adornar el alma con la belleza del cuerpo, sino al contrario, el cuerpo con la del alma.

Saavedra Fajardo

Quien repudia todo deseo y se satisface con el Yo en sí mismo, queda confirmado en el conocimiento espiritual.

Bhagavad Gita

Quien no estima la vida no la merece.

Da Vinci

El hombre que no piensa sino en vivir, no vive.

Sócrates

El sufrimiento es permanente, aislado y oscuro y posee la naturaleza de lo infinito.

Wilde

En toda adversidad es el más desgraciado género de infortunio el haber sido feliz.

Boecio

El dolor, si grave, es breve; si largo, es leve

Cicerón

Los dolores imaginarios no existen. Todos los dolores son reales desde el instante en que los probamos. El ensueño del dolor es un dolor verdadero.

France

Todo es arcano, excepto nuestro dolor.

Leopardi

Hay quien adquiere la mala costumbre de ser infeliz.

Eliot

Lo mejor que el hombre puede dar es, después de su sangre, una lágrima.

Lamartine

Suelen decir que el hombre que apetece soledad tiene mucho de Dios o de bestia.

M. Alemán

Huir de los hombres no quiere decir odiarlos.

Byron

El sabio nunca está menos solo que cuando está solo.

Swift

La oscuridad es profunda, dice el ojo. El silencio es profundo, dice el oído. Lo que no es, es lo profundo de lo que es.

Valèry

Si los sentidos no son veraces, toda nuestra razón es falsa.

Lucrecio

Así como hay un arte de bien hablar, existe un arte de bien escuchar.

Epicteto

La alegría en el enfermo es el mejor jarabe, y así es bien procurársela; y cuando alegre lo vieres, cuéntalo por sano.

Alemán

Hoy la miseria es una enfermedad de la humanidad, y la enfermedad una miseria del hombre.

Maeterlinck

Salud e inteligencia son las dos beneficios de esta vida.

Menandro

Toda satisfacción trae consigo el hastío, pues sólo en la tensión de las fuerzas hay voluptuosidad.

Hebbel

Los placeres fatigan más que los negocios.

Cristina de Suecia

Para borrar nuestras faltas a los ojos de los hombres son precisos torrentes de sangre; pero ante Dios basta una sola lágrima.

Chateaubriand

El que se arrepiente es como el que no ha pecado.

Mahoma

Un buen arrepentimiento es la mejor medicina que tienen las enfermedades del alma.

Cervantes

No arrepentirse de nada es el principio de toda ciencia.

Borne

La hermosura que se acompaña con la honestidad es hermosura, y la que no, no es más que un buen parecer.

Cervantes

Belleza sin gracia, es un anzuelo sin cebo.

Emerson

Una cosa bella es un placer eterno.

Keats

A los que no la puedan gozar, pésales que haya hermosura.

Lope de Vega

Un exterior hermoso es un seductor peligroso.

Marco Aurelio

La hermosura ha nacido para triunfar hasta de la estupidez.

Sarmiento

Si quitáis de nuestros corazones el amor de lo bello, nos quitáis todo el encanto de vivir.

Rousseau

Cuando la hermosura es el abogado, todos los otros oradores enmudecen.

Shakespeare.

Nada puede traerte la paz, sino tú mismo.

Emerson

El primero de los bienes, después de la salud, es la paz interior.

La Rochefoucauld

La libertad es el aire respirable del alma humana.

Víctor Hugo

Más precia el ruiseñor su pobre nido
de pluma y leves pajas, más sus quejas
en el bosque repuesto y escondido,
que agradar lisonjero las orejas
de algún príncipe insigne, aprisionado
en el metal de las doradas rejas

Rioja

Cuando la cólera sale de madre, no tiene la lengua
padre, ayo ni freno que la corrija.

Cervantes

El hombre, arrastrado por el fuego de la ira, a sus
inferiores los hace superiores a sí mismo.

Emerson

Nada tan sensato como incorporarse a los rebaños
que tienen al instinto por pastor.

Juarros

Cuanto Dios quiere llevar a cabo algo en la raza
humana, planta sus semillas en el instinto.

Emerson

El cobarde solamente amenaza cuando se encuentra a salvo.

Goethe

Sólo los cobardes son valientes con las mujeres.
Hernández

Con uniforme los cobardes pasan por guerreros.
Granville

Mejor que digan ¡aquí corrió! y no ¡aquí lo mataron!
Anónimo

El que domina su cólera domina su mayor enemigo.
Lewis

Si estás colérico cuenta hasta diez ante de hablar; si muy colérico hasta cien.
Jefferson

La cólera es una ráfaga de viento que apaga la lámpara de la inteligencia.
Robert Ingersoll

La conquista de almas es la conquista por excelencia; diariamente debes levantarte con el propósito de conquistar a todos aquellos de tus hermanos con quienes el destino te ponga en contacto.
Nervo

La inspiración es trabajar todos los días.
Baudelaire

La conquista de sí mismo es la mayor de las victorias.

Platón

Estar contentos con poco es difícil, con mucho, es imposible.

Ebner

Nada más imperioso que la debilidad cuando se siente apoyada por la fuerza.

Napoleón

Las personas débiles no son, generalmente, sinceras.

La Rochefoucauld

El deporte delega en el cuerpo algunas de las virtudes más fuertes del alma: la energía, la audacia, la paciencia.

Giraudoux

Ningún hombre ha llegado a ser grande si no ha sido movido por cierta divina inspiración.

Cicerón

Dios nos envía los alimentos y el demonio los cocineros.

Deloney

De viciosos y tragones están llenos los panteones.

Anónimo

Los apetitos del estómago y del paladar, lejos de disminuir a medida que los hombres envejecen, van en aumento con la edad.

Cicerón

Felicidad es no necesitar de ella.

Séneca

Pasa con la felicidad como con los relojes, que los menos complicados son los que menos se estropean.

Chamfort

La felicidad tiene los ojos cerrados.

Valéry

El secreto de las felicidad no está en hacer siempre lo que se quiere, sino en querer siempre lo que se hace.

Tolstoi

Si quieres ser feliz, como me dices,
no analices, muchacho, no analices.

Bartrina

La vida nos enseña que no podemos ser felices sino al precio de cierta ignorancia.

France

Nadie es ni tan feliz, ni tan infeliz como cree.

La Rochefoucauld

La felicidad del hombre tiene por nombre: «Yo quiero».

Nietzsche

Sólo se disfruta de la felicidad, como de la salud, por contraste.

Rodenbach

En las regiones del espíritu no tiene límites el descubrimiento de nuevos mundos.

Vasconcelos

Sólo el espíritu, si sopla sobre la orilla, puede crear al hombre.

A. de Saint Exupery

El espíritu femenino es como el de los niños; le gusta ver lo que las cosas tienen dentro.

V. García Martí

De noventa enfermedades cincuenta las produce la culpa y cuarenta la ignorancia.

Mantegazza

La enfermedad que obliga a pasar más horas en la cama es una amante bonita.

Jardiel Poncela

Un gran obstáculo a la dicha es esperar una dicha demasiado grande.

**Fontelle**

Las diversiones son la felicidad de la gente que no sabe pensar.

**Pope**

Hay personas divertidas que no interesan, y personas interesantes que no divierten.

**Disraeli**

Abandonarse el dolor sin resistir, suicidarse para substraerse de él, es abandonar el campo de batalla sin haber luchado.

**Napoleón**

El dolor ennoblece incluso a las personas más vulgares.

**Balzac**

El cuerpo es la cárcel del alma inmortal.

**Platón**

La grandeza del hombre está en ser un puente y no una meta: lo que en el hombre se puede amar es que es un tránsito y un ocaso.

**Nietzsche**

Como la vista es al cuerpo, la razón es al alma.

Aristóteles

En aras de la verdad pasar hambre del alma.

Nietzsche

El cuerpo humano es el carruaje; el yo, el hombre que lo conduce; el pensamiento son las riendas, y los sentimientos, los caballos.

Platón

El alma es aquello por lo que vivimos, sentimos y pensamos.

Aristóteles

CAUSAS Y AZARES:

El accidente es sólo un orden improvisto.

Novalis

El que nace para ser ahorcado nunca morirá ahogado.

Fuller

Lo que me quede de vida, no quiero vivirlo en vano.

Addison

La especulación es un lujo mientras que la acción es una necesidad.

Bergson

Mejor gastarse que enmohecerse.

Cumberland

Los cielos nunca ayudan al hombre que no quiere actuar.

Ramiro de Maeztu

A Dios rogando y con el mazo dando.

Anónimo

Como todos los grandes viajeros, yo he visto más cosas de las que recuerdo, y recuerdo más cosas de las que he visto.

Disraeli

Viajar es nacer y morir a cada paso.

Víctor Hugo

El andar tierras y comunicar con diversas gentes hace a los hombres discretos.

Cervantes

El que no sale nunca de su tierra vive lleno de prejuicios.

Goldoni

Partir es ganar un proceso a la costumbre.

Morand

Vi el aspecto de la ciudad, pero de las costumbres de los hombres, advertí muy poca cosa.

Plauto

No pido riquezas, ni esperanzas, ni amor, ni un amigo que me comprenda; todo lo que pido es el cielo sobre mí y el camino a mis pies.

Stevenson

Y hay que viajar, lo he dicho antes de ahora, por topofobia, para huir de cada lugar, no buscando aquel a que va, sino escapándose de aquel de donde parte.

Unamuno

Quien vive temeroso, nunca será libre.

Horacio

La gente de mucha edad se divide en dos clases: ancianos cuya cabellera toma el nombre de canas y viejos cuya cabellera pierde el nombre de pelo.

Trueba

Cinco cosas me agradaban mucho: leña seca para quemar, caballo viejo para cabalgar, vino añejo para beber, amigos ancianos para conversar y libros antiguos para leer.

Santa Cruz

Retirarse no es huir, ni esperar es cordura cuando el peligro sobrepuja a la esperanza.

Cervantes

El sueño está lleno de agonías. Con el sueño de cada noche se agoniza cada noche.

Gómez de la Serna

Soñar es dormir con láminas intercaladas en el texto.

D'Ors

Todo lo que vemos o representa a nuestros ojos no es sino un sueño dentro de otro sueño.

Poe

El sueño no es la imagen de la muerte, como se ha dicho; el sueño es la caricatura de la muerte.

Anónimo

Bien dicen que el buen señor
es quien hace buen criado.

Ruiz de Alarcón

Quien a muchos amos sirve, a alguno ha de hacer falta.

Anónimo

Tal amo, tal criado.

Anónimo

La enfermedad más peligrosa, después del doctor, es el testamento: más han muerto porque hicieron testamento, que porque enfermaron.

Quevedo

Triste es llegar a una edad en que todas las mujeres agradan y no es posible agradar a ninguna.

Palacio Valdés

El tiempo consagra.

Schiller

La felicidad o la desgracia de la vejez no es frecuentemente otra cosa que el resultado de nuestra vida pasada.

Sainte Beuve

Una segunda infancia, un mero olvido; sin dientes, sin ojos, sin gusto, sin nada.

Shaw

¿Quién miró jamás lo antiguo que no alabara el tiempo pasado y abominara del presente?

Montaigne

El aplauso del pueblo vulgar es generalmente falso y sigue más bien a los hombres vanos que a las personas virtuosas.

Bacon

El aplauso de un solo ser humano tiene grandes consecuencias.

Johnson

Los astutos vecen siempre en el primer momento y suelen ser vencidos antes del fin.

G. Papini

La astucia, que es parte del ingenio, se usa muchas veces para suplir las escasez de éste.

Leopardi

De altos espíritus es aspirar a las cosas altas.

Ana C. Mowat

El horizonte está en los ojos y no en la realidad.

Ganivet

Hay hombres que hacen cosas y las llevan a buen término, hombres a quienes acompañan, dondequiera que vayan, el orden, la claridad, el éxito, y hay hombres que traen desgracia. Nada más adverso a la idea del azar. El azar adjudicaría éxito y suerte tan pronto a un general como a otro. Pero sólo César ganó cincuenta batallas.

André Maurois

El azar es casi siempre favorable al hombre prudente.

Joubert

Si teniendo ocasión no la aprovechas, por demás la esperas después de pasada.

Salustio

La embriaguez no crea vicios, se limita a ponerlos en evidencia.

Séneca

Son cinco los motivos para beber: la llegada de un amigo, la sed del momento o la sed futura, la bondad del vino, y además cualquiera otra razón.

Sirmond

No hay mal que por bien no venga.

Anónimo

Lo que aparece como calamidad es muchas veces la fuente de la forma.

Disraeli

Las calamidades son las verdaderas piedras de toque para el hombre.

Fletcher

El trabajo lento produce la mejor mercancía.

Proverbio chino

Despacio que estamos de prisa.

Napoleón

Quien mucho desea, mucho teme.

Cervantes

Dos tragedias hay en la vida: una no lograr aquello que ansía el corazón; la otra es lograrlo.

Shaw

La exageración en las quejas es un presagio de olvido.

De Latena

No hay recuerdo que el tiempo no borre, ni pena que la muerte no acabe.

Cervantes

Mi nobleza comienza en mí, pero la tuya termina en ti.

Ifícrates

Los apellidos famosos, en vez de enaltecer, rebajan a quienes no saben llevarlos.

La Rochefoucauld

En la naturaleza nada hay superfluo.

Averroes

La Naturaleza no nos engaña nunca; somos siempre nosotros los que nos engañamos a nosotros mismos.

Rousseau

El mundo es un absurdo animado que rueda en el vacío para asombro de sus habitantes.

Bécquer

La ley del mundo es aprovecharse de los otros, sino queremos que los otros se aprovechen de nosotros.

D.H. Lawrence

El único medio que tiene una mujer de reformar a un hombre es fastidiarle de tal modo que le haga perder todo posible interés en la vida.

Wilde

Leer sin meditar es una ocupación inútil.

Confucio

El que pueda gobernar a una mujer, puede gobernar una nación.

Balzac

Una mujer se desesperaría si la naturaleza la hubiese hecho tal como la moda la adorna.

Mme. de Lespinasse

La moda, este ídolo de la juventud, es la más ruinosa de todas las vanidades.

Oxenstiern

No basta fijar las horas en que hemos de entregarnos a la meditación, hay que proveer a nuestro cerebro de imágenes adecuadas.

Barrés

Leer sin meditar es una ocupación inútil.

Confucio

No hay mal que por bien no venga.

Anónimo

El mal sólo es mal cuando es innecesario.

Posada

Hay momentos en la vida en los cuales hay que ser un poco loco, para salir bien parado.

La Rochefoucauld

Una hermosa deshaciéndose en lágrimas es doblemente hermosa.

La Fontaine

A menudo se echa en cara a la juventud el creer que el mundo empieza con ella. Cierto. Pero la vejez cree aún más a menudo que el mundo acaba con ella. ¿Qué es peor?

Hebbel

Casi todo lo grande ha sido llevado a cabo por la juventud.

Disraeli

La mocedad no repara
en cuanto intenta y procura.

Tirso de Molina

No existe en el mundo un asunto sin interés. Lo único que puede existir es una persona que no se interesa.

Chesterton

El interés es una fuente inagotable de ilusiones complacientes.

Amiel

Para hacer de una casa un hogar se requiere vivir mucho en ella.

Guest

Tu casa puede sustituir al mundo; el mundo jamás sustituirá tu casa.

Proverbio alemán

Un hogar no es hogar mientras no se sienta junto a él una mujer.

Jefferies

Desde el instante en que el hombre comete un crimen entra el castigo en su corazón.

Hesíodo

Tan lleno de recelos está el delincuente, que el temor de ser descubierto hace que él mismo se encubra.

Shakespeare

Trabaja en impedir delitos para no necesitar castigos.

Confucio

Las casualidad no existe, y lo que parece un accidente viene de las fuentes hondas del destino.

Schiller

La casualidad nos da casi siempre lo que nunca se nos hubiera ocurrido pedir.

Lamartine

La casualidad no es sino una causa desconocida.

Emerson

La que llamamos «casualidad» no es más que la ignorancia de las causas físicas.

Leibnitz

En aquellas ciudades de tráfico todos van sin mirar unos a otros, todos miran a dónde van, por dónde van no miran nadie.

J. Benavente

Unos tienen comida y no tienen apetito; otros tienen apetito y no tienen comida. Yo tengo ambos. Loado sea Dios.

Cromwell

Dime lo que comes y te diré lo que eres.

Brillat-Savarin

El estómago es la conciencia del cuerpo.

Taine

El rico come, el pobre se alimenta.

Quevedo

Debemos comer para vivir y nunca vivir para comer.

Beaumarchais

Para comenzar algo bueno, más vale tarde que nunca.

Anónimo

El principio es la mitad del todo.

Pitágoras

Comenzar bien no es poco, pero tampoco es mucho.

Sócrates

La más vil compañía te hará sentir que eres hombre entre los hombres.

Goethe

El que va acompañado de una mujer hermosa, sabe que los amigos hallados en la calle tienen siempre más cosas que decir que cuando vamos solos.

Poncela

Cortas sentencias vienen de largas experiencias.

Cervantes

Mientras menos palabras mejor oración.

Lutero

La cooperación es el germen de un nuevo régimen social que conduce cada vez a espacios más vastos.

Zibordi

La cooperación tiende hacia la socialización de las riquezas y hacia la propiedad colectiva.

Vergnianini

Una coqueta es como un oficial de reclutamiento: siempre buscando nuevas víctimas.

Jerrold

Sólo los hombres de poca experiencia o de poca potencia prefieren a la mujer coqueta.

Poncela

Nada muestra mejor el carácter de cada cual, que su manera de portarse con los necios.

Amiel

Si una persona se muestra condescendiente y cortés con un extranjero, demuestra que es un ciudadano del mundo.

Bacon

La desgracia puede debilitar la confianza, pero no debe quebrantar la convicción.

G. de Rémusat

El día que las desagracias hayan aprendido el camino de tu casa, múdate.

M. del Palacio

Todos tenemos suficiente fortaleza para soportar las desgracias ajenas.

La Rouchefoucauld

La mayor prerrogativa de la inocencia es no tener miedo de mirada alguna y no sospechar de ninguna lengua.

Johnson

No hay cosa que más se parezca a la inocencia que una indiscreción.

Wilde

Podemos detenernos ascendiendo; muy difícilmente descendiendo.

Napoleón

El infortunio pone a prueba a los amigos y descubre a los enemigos.

Epicteto

Sea la primera lección de tus hijos aprender a obedecer, y la segunda será la que a ti te plazca.

Franklin

El niño es acreedor al máximo respeto.

Juvenal

A veces la impaciencia da más frutos que los más profundos cálculos.

Shakespeare

Buenos y malos son menos de lo que parecen.

Coleridge

Vale más una migaja de pan con paz que toda la casa llena de viandas con rencillas.

Rojas

El hogar debe ser el refugio sagrado de la vida.

Dryden

Nadie se atreve a decir adiós a un hábito propio. Muchos suicidas, se han detenido en el umbral de la muerte al solo recuerdo del café donde todas las tardes van a jugar su partida de dominó.

Balzac

Los hábitos son una segunda naturaleza que destruyen a la primera.

Pascual

Vivimos peor que antaño, pero indudablemente mejor que ogaño.

Canal

El porvenir es un edificio misterioso que edificamos en la oscuridad y que más tarde deberá servirnos a todos de morada.

Víctor Hugo

Los argumentos del más fuerte tienen siempre más peso.

Proverbio alemán

La fuerza es una condición de todas las realidades históricas.

Ramiro de Maetzu

Las cosas más fuertes están en peligro por las cosas más débiles.

Espectator

Cuando la fortuna viene, tómala a mansalva y por delante, pues por detrás es calva.

Da Vinci

No solamente es ciega la fortuna sino que de ordinario vuelve también ciegos a aquellos a quienes acaricia.

Cicerón

Sólo aquellos que nada esperan del azar son dueños del destino.

Arnold

Es preciso en esta vida contar con la casualidad. La casualidad, en definitiva, no es otra cosa que Dios.

France

Ninguna cosa noble se hace sin el riesgo de un azar.

Montaigne

Las buenas reputaciones están hechas con nada.

Wilde

La fama es como un río que lleva a la superficie los cuerpos ligeros e hinchados, y sumerge a los pesados y sólidos.

Bacon

A veces el camino del éxito está sembrado de fracasos.

Canal

La llave del éxito en la vida es el conocimiento del valor de las cosas.

O'Reilly

Los espíritus vulgares no tienen destino.

Platón

No labra uno su destino, lo aguanta.

Flaubert

Llamamos destino a todo cuanto limita nuestro poder.

Emerson

Nada hay serio en el destino humano.

Shakespeare

Cuando hay mucho que poner en ellos un día tiene un centenar de bolsillos.

Nietzsche

Si habéis vivido un día habéis visto todo lo que hay que ver: un día es exactamente igual que todos los demás.

Montaigne

A más de uno que dice que la vida es breve, le parece el día demasiado largo.

Hebbel

Es preferible hombre sin dinero que dinero sin hombre.

Temistocles

No hay fortaleza tan bien defendida que no pueda conquistarse con el dinero.

Cicerón

El que necesita dinero, necesita todo.

Cumberland

Nunca discutir. Si en sociedad alguna persona difiere de tu modo de pensar, cambia de conversación.

Disraeli

El único medio de salir ganando de una discusión es evitarla.

Dale Carnegie

En la duda abstente.

Zoroastro

La duda es la llave del conocimiento.

Proverbio persa

Piensa bien antes de comenzar; pero cuando te has decidido no interpongas la duda.

Salustio

La solución de una duda es descubrimiento de la verdad.

Aristóteles

La juventud es petulante y la vez es humilde; sin embargo, veinte años los tiene cualquiera, y lo difícil es tener más de cien.

Jardiel Poncela

Las edades pueden filtrarse unas en otras y a veces da mal resultado; un niño sabio es pavoroso.

Benjamín Jarnés

Los hombres construimos demasiados muros y no suficientes puentes.

Newton

Todo lo que nace proviene necesariamente de una causa; pues sin causa nada puede tener origen.

Platón

Lo mejor es enemigo de lo bueno.

Freud

Más vale un canario perverso que un piadoso lobo.

Chéjov

La tierra regala riqueza profusamente y alimento pacífico. Y os brinda alimentos que están libres de muerte y de sangre.

Pitágoras

A partir de cierto punto en adelante no hay regreso. Es el punto que hay que alcanzar.

Kafka

El tiempo es una imagen móvil de la eternidad.

Platón

La cordura no depende de las estadísticas.

Orwell

Una bella ancianidad es, ordinariamente, la recompensa de una bella vida.

Pitágoras

El esfuerzo inútil conduce a la melancolía.

Ortega y Gasset

Quien piensa en fracasar, ya fracasó antes de intentar; quien piensa en ganar, lleva ya un paso adelante.

Freud

Cuando se sugieren muchos remedios para un solo mal, quiere decir que no se puede curar.

**Chéjov**

La historia de los hombres es un instante entre dos pasos de un caminante.

**Kafka**

La paz es un bien tal, que no puede apetecerse otro mejor, ni poseerse otro más provechoso.

**San Agustín**

De lo heroico a lo ridículo no hay más que un paso.

**Bolívar**

He sido un hombre afortunado en la vida: nada me fue fácil.

**Freud**

Se satisfecho con lo que lo agrada, y deja los otros para hablar de usted cuando ellos los agradan.

**Pitágoras**

Todos los errores humanos son fruto de la impaciencia, interrupción prematura de un proceso ordenado, obstáculo artificial levantado alrededor de una realidad artificial.

**Kafka**

Algunas personas enfocan su vida de modo que viven con entremeses y guarniciones. El plato principal nunca lo conocen.

Ortega y Gasset

La vida de cada hombre es un camino hacia sí mismo, el ensayo de un camino, el boceto de un sendero.

Hesse

ÍNDICE